スーパースター物語

大谷翔平
おお　たに　しょう　へい

著者　シェレル・キム
翻訳　新川諒

KANZEN

Published by Capstone Press, an imprint of Capstone
1710 Roe Crest Drive, North Mankato, Minnesota 56003
capstonepub.com

SPORTS ILLUSTRATED KIDS is a trademark of ABG-SI LLC. Used with permission.

Library of Congress Cataloging-in-Publication Data
Names: Kim, Cheryl, author.
Title: Shohei Ohtani : baseball trailblazer / by Cheryl Kim.
Description: North Mankato, Minnesota : Capstone Press, 2024. | Series: Sports illustrated kids stars of sports | Includes bibliographical references and index. | Audience: Ages 8 to 11 | Audience: Grades 4-6 | Summary: " Shohei Ohtani has turned heads as the first professional baseball player since Babe Ruth to both pitch and hit. His speed, skill, and strength has made him a beloved player around the world. Find out more about his journey from growing up in Japan to becoming a worldwide baseball superstar"— Provided by publisher.
Identifiers: LCCN 2022050162 (print) | LCCN 2022050163 (ebook) | ISBN 9781669018193 (hardcover) | ISBN 9781669018148 (paperback) | ISBN 9781669018155 (pdf) | ISBN 9781669018179 (kindle edition) | ISBN 9781669018186 (epub)
Subjects: LCSH: Ohtani, Shohei, 1994- —Juvenile literature. | Pitchers (Baseball)—United States—Biography—Juvenile literature. | Pitchers (Baseball)—Japan—Biography—Juvenile literature.
Classification: LCC GV865.O42 K56 2024 (print) | LCC GV865.O42 (ebook) | DDC 796.357092 [B]—dc23/eng/20221020
LC record available at https://lccn.loc.gov/2022050162
LC ebook record available at https://lccn.loc.gov/2022050163

Editorial Credits
Editor: Mandy Robbins; Designer: Hilary Wacholz; Media Researcher: Jo Miller; Production Specialist: Tori Abraham

Image Credits
Alamy: Aflo Co. Ltd., 5, 15, 17, Glasshouse Images, 23, REUTERS, 12, 13, 24; Getty Images: Diamond Images, 28, Kevork Djansezian, 19, Kyodo News, 21, 26, 27, The Asahi Shimbun, 9, 10, 11; Newscom: Kyodo, 7, Kyodonews/ZUMAPRESS, cover; Shutterstock: Adam Vilimek, 1, image_vulture, 25, Michael Kraus, 20; Sports Illustrated/SI Cover, 22

Source Notes
Pg. 6: "Before high school . . ." Arden Zwelling, "The Next Babe Ruth," SportsNet, https://www.sportsnet.ca/baseball/mlb/big-read-meet-shohei-otani-next-babe-ruth/, accessed October 10, 2022.
Pg. 8: "The mound is . . ." Corinne Purtill, "The Case for Giving Grunt Work to Your Organization's Biggest Stars," Quartz at Work, October 26, 2017, https://qz.com/work/1103897/the-case-for-giving-grunt-work-to-your-organizations-biggest-stars/, accessed October 10, 2022.
Pg. 9: "It's been my dream" Mark Feinsand, New York Daily News, "Yankees Intrigued by Shohei Otani, Japanese Teenager with 100 MPH Fastball . . ." October 22, 2012, https://www.nydailynews.com/sports/baseball/yankees/yanks-intrigued-japanese-teen-phenom-100-mph-fastball-article-1.1189826, accessed October 10, 2022.
Pg. 12: "He was always doing extra work . . ." Ben Lindbergh, The Ringer.com, "Inside Shohei Ohtani's Superhero Origin Story," July 12, 2021, https://www.theringer.com/mlb/2021/7/12/22573272/shohei-ohtani-first-two-way-season-nippon-ham-fighters, accessed December 6, 2022.
Pg. 13: "Growing up, I watched Ichiro. . ." ALTHON Sports, "Shohei Ohtani: MLB's Greatest Sho on Earth in 2021," March 30, 2022, https://athlonsports.com/mlb/shohei-ohtani-mlbs-greatest-sho-on-earth-2021, accessed October 11, 2022.
Pg.14: "Without those struggles . . ." Kyle Glaser, Baseball America, "2018 MLB Rookie Of The Year: Shohei Ohtani," October 4, 2018, https://www.baseballamerica.com/stories/2018-mlb-rookie-of-the-year-shohei-ohtani/, accessed October 11, 2022.
Pg. 16: "He's beyond talented . . ." Eric Stephen, Halos Heaven, "2020 Angels in Review: Shohei Ohtani," December 21, 2020, https://www.halosheaven.com/2020/12/21/22193524/shohei-ohtani-angels-2020-review, accessed October 11, 2022.
Pg. 18: "I'm grateful for the awards . . ." Antoni Slodkowski, Reuters, "Japan's MLB Star Ohtani 'Grateful' For Big Season Despite Challenges," https://www.reuters.com/lifestyle/sports/baseball-japans-mlb-star-ohtani-grateful-big-season-despite-challenges-2021-11-15/, accessed October 11, 2022.
Pg. 22: "More than pressure . . ." Scooby Axson, USA TODAY, "Shohei Ohtani Talks Baseball Superstardom, Stephen A. Smith Criticisms in GQ Article," January 12, 2022, https://www.usatoday.com/story/sports/mlb/angels/2022/01/12/shohei-ohtani-face-baseball/9185957002/, accessed October 11, 2022.
Pg. 23: "Let's stop admiring them . . ." ESPN Asia. March 21, 2023, https://www.youtube.com/watch?v=X7LFlKav84A
Pg. 24: "Not only is he incredible . . ." Alex Rodriguez, TIME magazine, "THE 100 MOST INFLUENTIAL PEOPLE OF 2021: Shohei Ohtani," September 15, 2021, https://time.com/collection/100-most-influential-people-2021/6096102/shohei-ohtani/, accessed October, 11, 2022.
Pg. 26: "Shohei did something . . ." City News Service, Spectrum News 1, "The Angels Hope 'Ohtani Mania' Brings Fans to the Ballpark," April 7, 2022, https://spectrumnews1.com/ca/la-west/sports/2022/04/07/the-angels-hope-ohtani-mania-brings-fans-to-the-ballpark, accessed October 11, 2022.
Pg. 28: "The only thing I can promise you . . ." Sports Biographies, "Shohei Ohtani Biography–Angels Star from Humble Beginnings," April 20, 2018, https://biography558972996.wordpress.com/2018/04/20/the-journey-begins/, accessed October 11, 2022.

All internet sites appearing in back matter were available and accurate when this book was sent to press.

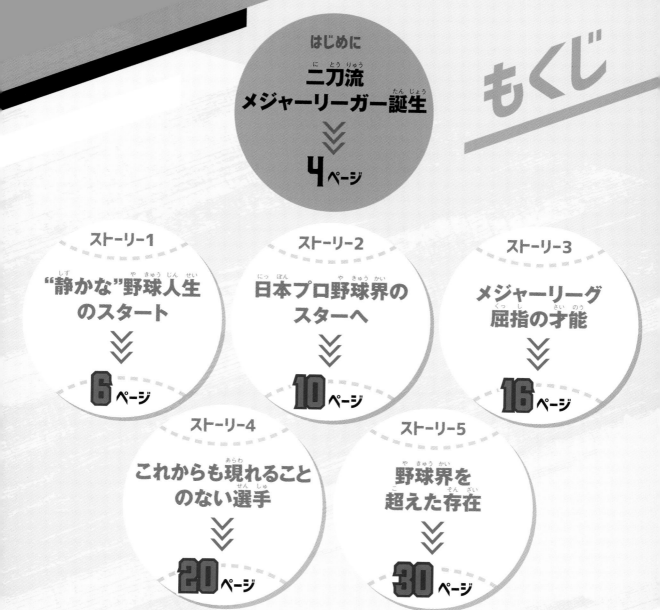

[著者] シェレル・キム

シェレル・キムはカルフォルニア出身の小学校の先生。現在はタイにあるインターナショナルスクールに勤務。夫ブランドンと息子のナサニエル、ザッカリーと共にチェンマイに在住。

[訳者] 新川諒

1986年大阪府生まれ。2歳から小学6年生の2月までシアトル、ロサンゼルスで過ごす。同志社国際中・高から、大学はオハイオ州Baldwin-Wallace Univeristyに進学。大学2年秋にはイギリスのUniversity of Hullにも留学。在学中からMLB球団のクリーブランド・インディアンズ（現・ガーディアンズ）で広報インターンを2年経験。その後ボストン・レッドソックス、ミネソタ・ツインズ、シカゴ・カブスで合計5年間日本人選手の通訳を担当。2015年日本に帰国後にフリーランスとして活動を開始、現在はNBAワシントン・ウィザーズのマーケティング・マネージャー、そしてMLBシンシナティ・レッズではコンサルタントを兼務。フリーランスとしてスポーツを中心にライター、通訳、コンサルタントとしても活動。2017年WBCでは侍ジャパンにも帯同した。

二刀流メジャーリーガー誕生

はじめに

2018年3月29日、ついに大谷翔平選手がアメリカのメジャーリーグ・ベースボール(MLB)にデビュー！ みんながこの日をずっと待ちつづけていました。

最初の打席に立った大谷選手は、初球をいきなりヒット！ 打ったボールはライトの方向へ。すぐさまファーストへ全力で走って…… セーフ。

3日後には、投手としてマウンドに上がりました。キャッチャーのサインを見て、左足を上げて、投球モーションにはいります。

投げたボールのスピードは、なんと100マイル(約160キロ)近く！ この日、6回を投げて3失点、メジャーではじめての勝利。エンゼルスは、カード勝ちこしを決めました。

大谷選手は1919年以降ではじめて、開幕してから10試合を投手と野手の両方で出場した選手となりました。

2018年9月8日、シカゴ・ホワイトソックスとの一戦。大谷選手が打席に立ちます。カーン！ スタンドへ飛び込むスリーランホームラン！ 総立ちの観客へ、大谷選手はヘルメットを振って声援にこたえました。

ロサンゼルス・エンゼルス
の選手として、デビュー戦
で打席に立つ大谷選手

スーパースター物語

"静かな" 野球人生のスタート

ストーリー1

大谷翔平選手は1994年7月5日、日本の岩手県水沢市で生まれました。いまは奥州市となっています。

お父さんの徹さんは社会人野球、お母さんの加代子さんはバドミントンの選手でした。

小さいころから、大谷選手は公園で新しいことにチャレンジをするのが好きでした。

小学2年生のときに野球を見て、自分もやってみたいと思い、お父さんとお兄さんの龍太さんとキャッチボールをするようになりました。

中学生になると、一関リトルシニアにはいります。お父さんもコーチとして、チームに加わりました。

週末しかプレーをしなかった大谷選手。「高校に行くまでは、あまりたくさん試合に出場しませんでした。ですから、自分よりうまい選手は、たくさんいると思っていました」

2021年の母の日には、小さいときの大谷選手とお母さんの写真がエンゼルスタジアムのビジョンに登場しました。

2021年の母の日に幼い大谷選手とお母さんの写真がエンゼルスタジアムのビジョンに映し出されました。

MEMO メモ

1872年、日本に住んでいたアメリカ人のホーレス・ウィルソンさんが学生たちに、スポーツとして野球をはじめて紹介しました。

7

大谷翔平選手は岩手県にある花巻東高校に入学します。野球部にスカウトされた大谷選手は、寮に住んでいました。

佐々木洋監督は日ごろからすべての選手に役わりを与え、大谷選手とほかのピッチャーたちにはトイレ掃除を任せました。

その理由について、佐々木監督は、
「マウンドはグラウンド上で、一番高い場所にある。もっともつつましい寮のトイレ掃除をすることで、いつも謙虚な気持ちを忘れずにいられる」
と話しています。

16歳で大谷選手はすでに183センチをこえ、球速も90マイルなかば（150キロ近く）を記録。18歳をむかえる前の大会では99マイル（159キロ）のストレートを投げていました。そのあと、すぐにメジャーリーグのスカウトたちも注目するようになりました。

大谷翔平選手は高校を卒業したあと、日本のプロ野球でプレーをせず、すぐにメジャーリーグへ行きたいと思っていました。大谷選手がはじめてそれを実現するかもしれないと、みんなが期待をしていました。

大谷選手も「高校に入学したときから、メジャーリーグでプレーするのが夢」と話していました。

MEMO メモ

日本には47の都道府県があります。それぞれの都道府県には国会の下にあたる地方議会があります。

"静かな"野球人生のスタート

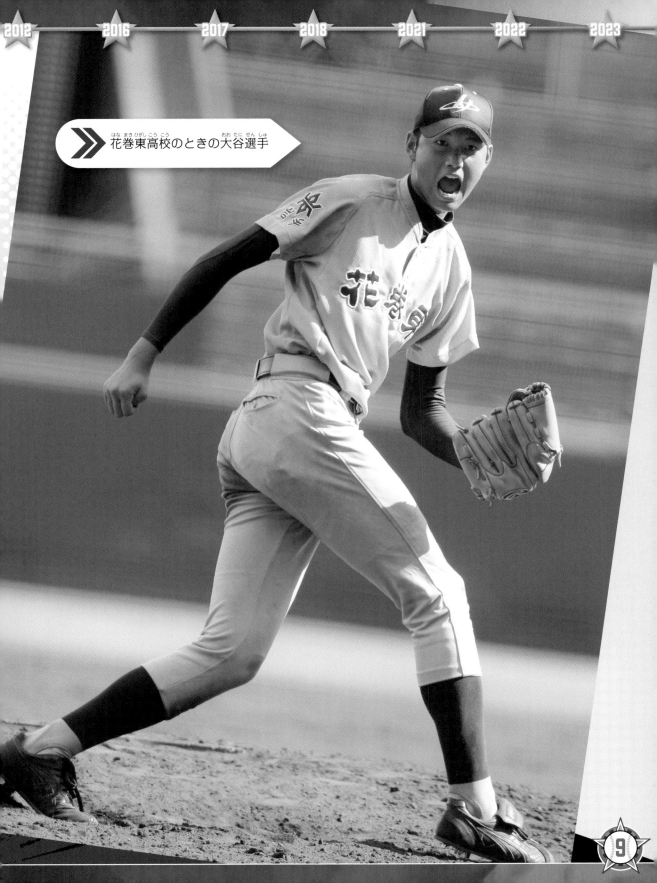

花巻東高校のときの大谷選手

スーパースター物語

日本プロ野球界のスターへ

ストーリー2

　高校を卒業したあと、大谷翔平選手はメジャーリーグのチームと契約が決まりそうなところでした。もし契約していたら、投手としてアメリカのマイナーリーグからプロの生活をはじめることになっていたでしょう。

　しかし大谷選手は、日本のプロ野球チームの一つである北海道日本ハムファイターズからドラフト1位指名をされました。日本のプロ野球の世界では、これまで本当の意味で、投手と野手の二刀流の選手はいませんでした。そこでファイターズは、大谷選手にその二刀流を提案したのです。

　大谷選手は「自分のユニークなリズムを引きだしてくれる」と話し、ファイターズでプレーすることを決めました。

北海道日本ハムファイターズ
と契約したあとの記者会見

　意外かもしれませんが、大谷翔平選手がプロとしてはじめて出た試合は、投手ではなく外野手(ライト)としてでした。

　そのときまだ18歳。1年目は77試合に出場したうち、13試合で投手として投げました。1年目の打者としての成績は打率.238、本塁打3本。13試合に投げて、防御率4.23。

　大谷選手は北海道日本ハムファイターズの一員として、日本のプロ野球で5年間プレーしました。

　毎年、大谷選手は進化していきました。筋力をアップさせてパワーをつけることに集中しました。体重は190ポンド(約86キログラム)から210ポンド(約95キログラム)に増えると、長距離打者としても成長し、2016年には打者として22本も本塁打をマークし、投手としては防御率1.86。チームをクライマックスシリーズ進出にみちびきました。このシーズンはパ・リーグの最優秀投手と、指名打者でベストナインに選ばれました。

　大谷選手のグラウンドのなかでの野球への取り組み方も、素晴らしいものがありました。ファイターズではたらく岩本賢一さんは「彼はコツコツと練習をつづけ、だれよりもたくさん練習して、それを笑顔でおこなっていた」と話していました。さらには「ずっと謙虚であり、初日からその姿勢は変わっていない」とも、付けくわえました。

北海道日本ハムファイターズ時代の大谷選手、プロ1年目で二塁打のシーン。

これまでの偉大なる 日本人メジャーリーガー

松井秀喜

イチロー（鈴木一朗）

　1964年から、70人以上の日本人メジャーリーガーが誕生しました。大谷選手の小さいころのヒーローであった松井秀喜さんはニューヨーク・ヤンキースでプレー。メジャーリーグにデビューした試合で満塁ホームランを打ったのは、ヤンキースの歴史のなかではじめての快挙でした。2009年にはワールドシリーズ優勝を果たし、MVPを獲得しました。

　外野手だったイチローさんは日本とアメリカであわせて28シーズン、プレーしました。メジャーリーグでは通算10回のゴールドグラブ賞に選出。ゴールドグラブ賞は各リーグのそれぞれのポジションでもっとも守備が良かった選手におくられます。2021年にイチローさんはシアトル・マリナーズの殿堂入りを果たしました。

　大谷選手はイチローさんについて、「小さいときからイチローさんをずっと見てきて、MVPも受賞し、いつか僕もあの舞台でプレーしたいと思うようになりました」と通訳をかいして答えています。そして、「いま僕を見てくれている子どもたちにもそんな思いを持たせることができる選手になりたい」とも話していました。

スーパースター物語
SHOHEI OHTANI

ストーリー3

メジャーリーグ
屈指の才能

2017年に大谷翔平選手はフリーエージェントとなりました。メジャーリーグ30球団、すべてのチームが契約をしたいと思っていました。最終的にロサンゼルス・エンゼルスと契約することになりました。エンゼルスは大谷選手が投げない日に打者としても出場することを認めました。こうして、100年近くぶりに二刀流選手がメジャーリーグでも生まれることになったのです。

はじめからとても期待が高いものでした。スプリングトレーニングのあいだ、大谷選手は苦労し、アメリカでのキャリアをメジャーリーグの舞台から始めるべきかについて多くの人が疑問を持つようになりましたが、シーズンが始まり、二刀流のチャレンジに大谷選手は立ちあがりました。

メジャーリーグにデビューした週のはじめての登板では、球速99.6マイル(約160.3キロ)に到達し、6回を投げきりました。打者としてはその後3試合つづけてホームランを記録。素晴らしい活躍ぶりから、大谷選手はMLBのルーキー・オブ・ザ・イヤーに選出されました。

「あの苦労がなければ、これほどの結果を出せなかったかもしれません。どんな経験からもポジティブなものを見つけようとしていました」と1年目を振り返りました。

>> 契約（けいやく）したあと、マイク・ソーシア
監督（かんとく）と握手（あくしゅ）をする大谷選手（おおたにせんしゅ）

2018年、大谷選手はヒジのじん帯を断れつし、トミー・ジョン手術を受けました。翌年は打者として専念しましたが、最後の3週間はヒザのケガもあり出場できませんでした。2020年は新型コロナウイルスの影響で短いシーズンとなりました。ケガからのリハビリを続けていた大谷選手は44試合に出場。ペリー・ミナシアンGMは大谷選手について「才能にあふれている。99%の人ができないことを彼はやっておける。それでも野球は本当に難しいスポーツ。まだ若く、野球人生の序ばんで好不調を経験しているところだ」と語っていました。

大谷選手は自分自身のパフォーマンスに納得がいっていませんでした。そのためオフシーズンには、ますますトレーニングに励みました。食生活も変え、投手を相手にした試合形式の打撃練習も行いました。さらにシアトルにあるドライブラインという野球のトレーニング施設を訪れました。そこではデータをつかって、個人の成長に合わせたプログラムを作ってくれます。

ストーリー3

MEMO
メモ

トミー・ジョン投手は、断れつしたヒジのじん帯を修復する手術を1974年に行いました。メジャーリーグではじめてその手術を行ったのち、復帰した選手です。

メジャーリーグ屈指の才能

>> トミー・ジョン手術からの復
帰を目指して、ヒジに固定器
をつけて練習する大谷選手

SHOHEI OHTANI
スーパースター物語

1994　2002　2010

これからも現れることのない選手

ストーリー4

>> 2021年4月4日、エンゼルスの
ホームゲームで投げる大谷選手

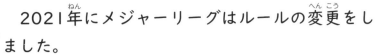

　2021年にメジャーリーグはルールの変更をしました。

　それまで投手がマウンドを下りたあと、打者として試合に出つづけることはできませんでした。それが先発投手は交代しても、そのまま野手として試合に出場することがOKとなったのです。

　そのおかげで、大谷選手は多くの記録を達成していくことになります。投手としては130回以上を投げて156奪三振。打者としては46本塁打、100打点を記録しました。アメリカの雑誌のアンケートでは、アメリカンリーグで、塁上でもっとも速い走者として、1位に選ばれました。

　なお、この年のオールスターゲームでは、メジャーリーグの歴史ではじめて投手・野手の両方で選ばれた選手となりました。シーズンがおわったあと、アメリカンリーグでプレーするすべての選手の投票によって、最優秀選手そして満票でアメリカンリーグMVPを受賞しました。

　大谷選手はそのことに感謝しつつも、まだまだ成長していきたいと話していました。
「賞をもらえることはうれしく思いますが、個人的には来年またこのような賞をもらえるよう、良いプレーをすることを今から考えています」

　2022年5月10日の試合で、大谷選手は野球人生ではじめての満塁ホームラン！

これからも現れることのない選手

MEMO
メモ

エンゼルスは大谷（おおたに）ルールを作（つく）り、登板（とうばん）する前後（ぜんご）の日（ひ）は打者（だしゃ）として出場（しゅつじょう）させませんでしたが、これによって大谷選手（おおたにせんしゅ）のプレーする機会（きかい）がへることになりました。2021年（ねん）にそのルールをやめて、これまで以上（いじょう）に出場（しゅつじょう）するチャンスを与（あた）えました。

　2022年、タンパベイ・レイズに11対3と勝った5月10日の試合で、大谷選手は野球人生ではじめて満塁ホームランを放ちました。

　6月9日にはチームの14連敗を止める活躍を見せます。先発投手として7回を投げて1失点、直球は101マイル（約162.5キロ）にとどきました。打者としても2ランホームランをマークし、エンゼルスはレッドソックスに5対2で勝ちました。

　2022年、大谷翔平選手はアメリカの有名な雑誌「タイム」誌の表紙にのりました。メジャーリーガーが表紙に選ばれるのは、2004年以来2人目でした。

　この年、大谷選手はビデオゲームの「MLB THE SHOW」の表紙にも選ばれました。エンゼルスの選手として、ゲームの表紙を飾るのははじめてのことでした。そして雑誌「スポーツ・イラストレイテッド」には投手、さらには打者としての二種類の表紙で登場しました。

　野球界の顔になるプレッシャーを感じますか？　と聞かれたことに対して、大谷選手は「そういうことを言ってもらえるのは、プレッシャー以上にうれしい。最高の選手になるためにここに来ました。野球界の顔と言ってもらえるのは、大歓迎です」とこたえています。

BASEBALL PREVIEW

— 20 FOR THE '20S

WHY MLB'S NEXT DECADE WILL ROAR

Sports Illustrated

SPRING 2020
VOLUME 131 | NO. 3
SI.COM @SINOW

SoCAL STARS

Mookie Betts
AND
Shohei Ohtani

Dodgers
50

ANGE
17

25

ストーリー4

これからも現れることのない選手

2024年、新天地 ロサンゼルス・ドジャースへ

　2023年3月、大谷翔平選手は日本代表の一員としてワールド・ベースボール・クラシック(WBC)に出場し、アメリカ代表との決勝戦の舞台へチームをみちびきました。

　試合前に、大谷選手はロッカールームでチームを奮起させるスピーチをしました。

　アメリカ代表に対して、「憧れるのはやめましょう……今日一日だけは、憧れてしまったら超えられないので」と話しました。

　最後の打席で大谷選手は当時、エンゼルスのチームメイトのマイク・トラウト選手と対戦し、三振をうばって試合終了！　日本代表が3対2でアメリカ代表をやぶり、世界一になりました。

1994　2002　2010

　大会を終えるとエンゼルスに戻り、メジャーリーグでの戦いにのぞみました。

　2023年7月27日のデトロイト・タイガースとのダブルヘッダーでは、1試合目に大谷選手は投手として9イニングを投げきり、アメリカではじめての完封勝利。チームは6対0で勝ちました。つづいて行われた2試合目で大谷選手はホームランを2本打ち、11対4と勝利に貢けんしました。

　そのあと、ヒジをいため、2度目のトミー・ジョン手術を受ける決断をします。

　自身がシーズンを終える前の8月23日に44本目のホームランを打ち、日本人選手としてはじめてのホームラン王のタイトル（アメリカンリーグ）に輝きました。

　2024年シーズン、大谷選手はロサンゼルス・ドジャースに移籍することになりました。新しいチームで打席に立つ姿を見ることになりますが、再びマウンドで投げるには、2025年まで待つことになるでしょう。

　それでもメジャーリーグで活躍してきた大谷選手の未来は、明るいです。

ストーリー4

これからも現れることのない選手

© Getty Images

MEMO
メモ

「たぶん今日の彼は、誰も見たことがないくらい野球界で最高の1日を過ごしただろう」—タイガースのマット・マニング投手、2023年7月27日

スーパースター物語

1994　2002　2010

野球界を超えた存在

ストーリー5

大谷翔平選手のグラウンド内外でのすばらしい行いについても知られています。

2021年には、ホームランダービー出場で獲得した15万ドルを、チームスタッフ約30人におくりました。ベンチではゴミを自分で捨てることも有名な話です。

この年、大谷選手は「タイム」誌のもっとも影響力のある100人に選ばれました。この中に選ばれたのは、メジャーリーガーでは史上二人目です。

元メジャーリーガーのアレックス・ロドリゲスさんは、タイム誌に「グラウンド上のすばらしさだけでなく、グラウンド以外のところでも紳士です。チームメイトに話を聞いても、翔平について悪いことを言う人はいない。そしてメディアやファンへの対応も良い」と話していました。

1年間で大谷翔平選手の日本とアメリカでの広告の収入は、600万ドル※1から2000万ドル※2に増えました。

2022年にはこれまでのメジャーリーガーの記録をぬりかえて、17もの会社と広告の契約を結びました。大谷選手の活躍により、エンゼルスタジアムでも22の日本の会社(当時)が広告を出しています。

30

野球界を超えた存在

>> 日本の銀行の広告に出る大谷選手

銀行は「行く」から「持つ」へ。

スマホ でも、
銀行のサービスが
受けられるんですね。

大谷翔平

HOP!
STEP!
JAPAN!

三菱UFJ銀行

MUFG

銀行は「行く」か

スマホ でも、
銀行のサービスが
受けられるんですね。

大谷翔平

MUFG

MUFG

アレックス・ロドリゲス

※1：約9億2千万円　※2：約30億816万円
（2024年2月28日の為替ルート）

ストーリー5

エンゼルスタジアムのショップ内に
ある、たくさんの大谷グッズ

大谷翔平選手のアメリカンリーグ
MVPを祝うボブルヘッド

野球界を超えた存在

　メジャーリーグ機構は、大谷翔平選手によるキャンペーン活動も展開しました。

　2021年のオールスター期間中には、大谷選手を紹介する30秒動画「ショータイム」が流され、天才・スピードスター・グローバルなスーパースターなどと言われました。

　エンゼルスは、「大谷選手マニア」のブームによって、よりたくさんの人がスタジアムに来てくれることを望みました。

　実際に、大谷選手を一目見ようと多くの人がスタジアムを訪れました。エンゼルスのチケットセールスのディレクターを務めるジム・パネッタさんは「翔平はこれまで誰も成しとげたことがないことをしているので、多くの人に見にきてもらいたい」と話していました。

　2022年シーズン中、エンゼルスタジアムで行われた試合では、大谷選手のトートバッグ、Tシャツ、スノードーム、3種類のボブルヘッドを来場者に配りました。

MEMO メモ

エンゼルスタジアムで開催されたスターウォーズナイトでは、大谷ワン・ケノービ(編集部注：人気キャラの「オビ・ワン・ケノービ」にかけている)ボブルヘッドが配られました。

ここ100年、野球界でおこった出来事の中でもっともすばらしいことは大谷翔平選手が登場したことだと多くの人々が言っています。

彼の目標は最高のプレーをしつづけるだけでなく、多くの人々に影響を与えていける存在になっていくことです。

大谷選手は「僕がただひとつ約束できるのは、いつも100%全力を出しきってプレーすること。それをすることで多くの人々の日常に勇気をもたらし、何か悩みがある人には僕のプレーで元気にすることができれば良いなと思います。野球をしていく上でそれが一番最高なこと」と語っています。

>> 2021年7月25日のミネソタ・ツインズ戦で二塁へすべりこむ大谷選手

1994	0さい	7月5日　岩手県水沢市(現在は奥州市)に生まれる
2002	8さい	野球をはじめる
2010	16さい	岩手県の花巻東高校に入学する
2012	18さい	北海道日本ハムファイターズからドラフト1位指名をうける
2016	22さい	日本シリーズを制する パ・リーグ投手と指名打者の2つの部門でベストナインに選ばれる
2017	23さい	メジャーリーグのロサンゼルス・エンゼルスへ入団する
2018	24さい	アメリカンリーグの新人王になる トミー・ジョン手術を受ける
2021	27さい	メジャーリーグの歴史ではじめて投手と野手の両方での オールスターに出場する アメリカンリーグMVPを受賞する
2022	28さい	野球人生ではじめて満塁ホームランを打つ
2023	29さい	第5回ワールド・ベースボール・クラシックで優勝、 世界一になる

訳者からみなさんへ

　わたしはメジャーリーグの舞台をはじめ、たくさんのスポーツの現場で通訳をする機会をいただきました。

　それでも、大谷翔平選手のことをうまく表現できる言葉が日本語でも英語でも見つかりません。

　どんな言葉で表現したとしても、安っぽく聞こえてしまうくらい唯一無二（他に代わりがいない、飛びぬけた）の存在です。

　そのすごさは、すべて彼が持っているもともとの才能によって、簡単に成しとげたかのように見えてしまいます。

　しかしもちろん、その才能だけではスーパースターにはなれません。

　はかり知れない準備や努力が生み出す結果の一部にすぎないのです。

　一流には一流の理由があります。

　この本を手に取ったみなさんには、大谷翔平選手のように自分の夢をかなえるためには何が必要で、何をすべきなのか。

　それを考えるきっかけになれば、うれしいです。

用語集

新型コロナウイルス

2019年中国の武漢市で発見され、2020年世界中に広まった伝染性の高いウイルス

デビュー

はじめて試合に出場すること

フリーエージェント

入っているチームがなく、選手がどのチームとも契約を結ぶことができるフリーな状態

殿堂入り

誰かを正式にある職や栄誉に受け入れること

じん帯

骨と骨同士をつなげる、強くて短い束のような組織のこと

パンデミック

感染症や伝染病が世界中にはやって、とてもたくさんの感染者がいる状況のこと

リクルート

その人をチームに誘って、採用すること

リハビリ

リハビリテーションの略で、もともとの状態に回復を図ること

ルーキー

プロ1年目の選手のこと

満票

全員が同じ人に票をいれること

さくいん

| 装幀・本文デザイン | 松林環美（ダイアートプランニング） |
| 編 集 | 滝川昂（株式会社カンゼン） |

スーパースター物語　大谷翔平
発 行 日　2024年4月17日　初版

著　　　者　シェレル・キム
訳　　　者　新川 諒
発 行 人　坪井 義哉
発 行 所　株式会社カンゼン
〒101-0021
東京都千代田区外神田2-7-1 開花ビル
TEL 03（5295）7723
FAX 03（5295）7725
https://www.kanzen.jp/
郵便為替 00150-7-130339
印刷・製本　中央精版印刷株式会社

ご意見、ご感想に関しましては、kanso@kanzen.jpまでEメールにてお寄せ下さい。お待ちしております。